初・中級学習者向け日本語教材

日本文化を読む

アルク
www.alc.co.jp

刊行にあたって

　初級レベルの日本語学習者に対して、どんな「読み教材」がふさわしいかは、私の長年の課題であった。

　一般に入門・初級の日本語の学習は口頭でなされ、そこで習った文型や表現を記述することで、小さな「読み」の第一歩が始まる。

　おおむね日本語の「話し言葉」と「書き言葉」は異なるから、口頭での表現とは別に、書き言葉としての正しい構文が学ばれることになる。

　学習者はひらがな・カタカナ・漢字の習得に加え、「読み」「書き」のスキルを新たに獲得するのに相当の努力が求められる。「読み」の教材はそうした新しいチャレンジに役に立ち、なおかつ学習者の興味をそそるものが望ましい。

初級の「読み教材」は"読めるようになること"を重視することで、ややもすれば"内容の面白さ"や"文章の質"にまでこだわることが難しかったように思う。しかし成人学習者に対して、初級レベルであっても内容の面白さや自然な上質な文章に触れることは必要であろう。

　初級テキストとしての"内容の面白さ"はトピックだけではなく、むしろ日本語の文法に見る独特の発想の表出にあると考える。日本語学習では一般に文法を「文型」で教える。そこで学習者は「文型」を学ぶが、日本語の特有の「文法」をどれだけ学んでいるだろうか。文法の底にある、ものの考え方、文化を知る「読み教材」があるといい。

　本編においては、習得した日本語レベルに即して、学習者の知的好奇心をそそるだけのトピックを選び、日本語の文法をその発想から掘り起こすことに挑戦することで、初級者、および中級者のための『日本文化を読む』のコンセプトとした。

　当センターでは既に、2008年に上級者のための『日本文化を読む』を、また2012年に中上級者のための『日本文化を読む』を出版しており、今回は初・中級者のための『日本文化を読む』の発刊となる。

　日本文化を理解してもらう読み教材としてあわせて読んでいただければ幸いである。

　なお、本書の編纂には、公益財団法人京都日本語教育センターの吉田道子、桑島卓男、西原純子が当たった。

　最後に、本書の発刊にあたってご尽力をいただいた株式会社アルクの大塚武司氏に厚くお礼を申し上げる。

2013年10月

公益財団法人　京都日本語教育センター
京都日本語学校
校長　西原純子

本書の使い方
ほんしょ　つか　かた

1．本書では、日本語の文法の特徴的構造に着目して章立てした。章および本文の順番は必ずしも難易度によるものではないので、興味のある章や読めそうな内容を選んで、読み進めてほしい。

2．本書では、章ごとに NOTE ページを設けた。NOTE ページには、文法の説明と、短い例文を付けた。例文を参考にして、自由に作文してみてほしい。

3．「10 地下鉄銀座線における大猿の呪い」および「24 泣くこと、笑うこと」については、本文後ろに、語句の説明を付記した。

4．本文を理解する上での注意点に＊を付記し、設問を付けた。それを手掛かりに読み進めてほしい。

5．本文を理解したかどうかの確認のため、「まとめ」として設問を付けた。読後に考える手掛かりとしてほしい。なお、4、5とも解答例は本冊後ろに記載した。

6．理解を深め、発展させるために、出典および著者紹介を各課の最後に付けた。

7. 本文の上にある ⓪ はディスク番号とトラック番号であり、この印が付いているところは、本文を朗読した音声を収録してある。

8. 「1 春はあけぼの」、「12 サラダ記念日」、「20 第14条〔法の下の平等〕」は、オプションとして掲載している。設問などはないが、学校などでは日本語教師の助けを借りながら、読み進めてほしい。これら以外は独習者にも使えるようにした。

9. 本書本文の文字表記については、学習者の便宜を最優先し、次のように配慮した。

　・基本的に旧日本語能力試験3級以上の語には振り仮名を付けた。
　・振り仮名は各見開きページの初出に限った。

10. 別冊語彙リストにある、英語・中国語・韓国語・ベトナム語の訳語は、その語の基本的な意によった。

11. 本シリーズの「上級編」「中上級編」では縦書きを採用しているが、本書では対象読者のレベルを考慮し、横書きを中心にしている。

　しかし、段階的に縦書きにも慣れる必要があるため、「3 おせい＆カモカの昭和愛惜」「12 サラダ記念日」「20 第14条〔法の下の平等〕」「22 吾輩は猫である」の4編については縦書きを採用した。

Using this textbook

1.   The chapters in this textbook are designed to demonstrate characteristics of Japanese grammatical structures; however, they are not arranged in order of difficulty. Please choose a chapter that interests you and jump in.

2.   The end of each chapter in this textbook includes a NOTE page. The NOTE page provides grammatical explanations and short examples. Please try your hand at making sentences using these examples as a reference.

3.   The terminology in 「10 地下鉄銀座線における大猿の呪い」 and 「24 泣くこと、笑うこと」 is explained at the end of these two essays.

4.   Japanese-style asterisks (＊) indicate questions listed next to the text. These questions are designed to give readers clues to help them better understand content. Sample answers are available at the back of the textbook.

5.   Each unit includes a recap 「まとめ」 with a question to confirm your understanding of the content. Please use these as helpful clues to consider before and after reading. Additional recap questions are available at the back of the textbook.

6.   In order to deepen and expand your understanding of the text, source and author information are listed at the end of each unit.

7.   The numbered CD icons 🕐 at the beginning of each essay indicate the CD track on which the essay is recorded.

8.   「1 春はあけぼの」,「12 サラダ記念日」and 「20 第 14 条〔法の下の平等 〕」are included as optional readings, and no questions have been provided. Please read through with help from your Japanese language teacher. Except for these three optional readings, the units in this text are designed for easy use by independent learners.

9.   Japanese characters are used in accordance with the rules described below with a priority on learner convenience.
   • *Hiragana* superscript is provided for kanji that are level 3 or higher in the Japanese-Language Proficiency Test (JLPT).
   • *Hiragana* superscript is provided only at the first appearance of each *kanji* described above.

10.   The vocabulary translations provided separately in English, Chinese, Korean, and Vietnamese show the standard meanings.

11.   While both the intermediate and advanced editions in this series include vertical text, this edition places a greater emphasis on horizontal text in view of the level of our readers. Because of its importance, however, 「3 おせい＆カモカの昭和愛惜」,「12 サラダ記念日」,「20 第 14 条〔法の下の平等〕」,and 「22 吾輩は猫である」are printed vertically to help students become gradually familiar with this style.

本书使用说明

1. 本书着眼于日语语法的特征性结构，以此分章。各章及正文的顺序并非以难易度排列，因此读者可选择自己有兴趣的章节或能读懂的内容进行学习。

2. 本书各章均附有 NOTE 页，其中设有语法说明及短例句。请参照例句进行自由造句。

3. 在《10 地下鉄銀座線における大猿の呪い》及《24 泣くこと、笑うこと》的正文后附有语句说明。

4. 理解正文时需要注意之处标注有 ★ 记号，并设有提问。请以此为线索阅读正文。

5. 为了方便读者确认是否正确地理解了正文，本书中以"まとめ"的形式设置了提问。请在阅读完正文后，以此为思考的线索。另外，在本册最后收录有 4、5 中提问的解答例。

6. 为了加深理解，拓展知识，在每课的最后附有文章的出处及作者介绍。

7. 正文上方 ⑴ 是光盘编号和曲目号码，标有该记号的部分收录有正文的朗读录音。

8. 《1 春はあけぼの》、《12 サラダ記念日》、《20 第 14 条〔法の下の平等〕》是作为选学内容编入的，因此没有设问。请在日语教师的帮助下，在学校等场合学习。其他各课均适于自学。

9. 本书以读者学习时的方便为最优先事项，对于正文的文字标记作了如下安排。

　　·对于原日本语能力测试 3 级以上的词汇原则上均注有读音假名。
　　·仅对在每一双联页中首次出现的词汇标注读音假名。

10. 别册词汇表中的英语、汉语、韩语、越南语的译文是该词汇的基本语义。

11. 在本系列丛书的《上级篇》和《中上级篇》中采用了竖排体，但考虑到使用对象的日语能力有限，本书以横排体为主。然而，考虑到读者有必要逐渐适应竖排体，故对《3 おせい＆カモカの昭和愛惜》、《12 サラダ記念日》、《20 第 14 条〔法の下の平等〕》、《22 吾輩は猫である》这 4 篇的正文采用了竖排体。

일러두기

1. 본 교재는 일본어 문법의 특징적 구조에 착안하여 구성되었다. 각 장 및 본문의 순서는 꼭 난이도에 의한 것이 아니므로 관심이 있는 장이나 읽기 쉬운 내용을 선택하여 읽어 나가길 바란다.

2. 본 교재는 매 장의 마지막에 NOTE 페이지를 수록하여 그 페이지에 문법 설명과 짧은 예문을 제시했다. 예문을 참고로 자유롭게 문장을 만들어 보길 바란다.

3. 「10 地下鉄銀座線における大猿の呪い」 및 「24 泣くこと、笑うこと」에 대해서는 본문 끝에 어구설명을 덧붙였다.

4. 본문을 이해하는 과정상 주의해야 할 부분에 *를 붙여 질문을 제시해 놓았다. 그것을 단서로 읽어 나가길 바란다.

5. 본문을 이해했는지 여부를 확인하기 위해 마지막에 「まとめ」 문제를 제시했다. 읽은 후에 생각하는 단서가 되길 바란다. 또한 4,5 의 모범답안은 본 교재 끝부분에 수록되어 있다.

6. 이해를 돕고 발전시키기 위해 출전 및 저자소개를 각 과의 끝에 기재했다.

7. 본문 위에 있는 ⓪⓵ 는 디스크번호와 트랙번호로, 이 표시가 있는 부문을 낭독한 음성자료가 CD 에 수록되어 있다.

8. 「1 春はあけぼの」「12 サラダ記念日」「20 第 14 条〔法の下の平等〕」는 옵션으로 게재된 글이다. 질문제시가 없으므로 학교 등에서는 일본어교사의 도움을 받으며 읽어 나가길 바란다. 그 외에는 혼자서도 공부할 수 있도록 하였다.

9. 본문의 표기방법에 대해서는 학습자의 편의를 최우선으로 고려하여 다음과 같이 배려하였다.

    · 기본적으로 구 일본어능력시험 3 급이상의 단어에는 읽는 법을 달았다.
    · 읽는 법은 각 좌우 양 페이지에 처음 나온 단어로 한정했다.

10. 별책 어휘리스트에 수록한 영어 · 중국어 · 한국어 · 베트남어 번역은 그 어휘가 가진 기본적인 뜻에 따랐다.

11. 본 교재시리즈의 「상급편」「중상급편」은 세로쓰기를 채용 했지만 본 교재는 대상 학습자의 레벨을 고려하여 가로쓰기를 중심으로 구성하였다. 그러나 단계적으로 세로쓰기에도 익숙해질 필요가 있기 때문에 「3 おせい＆カモカの昭和愛惜」「12 サラダ記念日」「20 第 14 条〔法の下の平等〕」「22 吾輩は猫である」, 이 4 편은 세로쓰기를 채용했다.

Phương pháp sử dụng quyển sách này

1.   Cuốn sách này chia làm nhiều chương theo các cấu trúc đặc trưng của ngữ pháp tiếng Nhật. Vì thứ tự của các chương và nội dung không phụ thuộc vào độ khó dễ, nên bạn đọc có thể lựa chọn những chương yêu thích, hay nội dung dễ hiểu để đọc trước.

2.   Trong cuốn sách này ở mỗi chương có trang NOTE. Trong trang NOTE thì có phần giải thích về ngữ pháp và những mẫu câu ngắn. Vì thế bạn đọc có thể tham khảo những mẫu câu này để viết bài văn ngắn tùy chọn.

3.   Ở hai chương là 「10 地下鉄銀座線における大猿の呪い」và 「24 泣くこと、笑うこと」thì, sau phần bài đọc có phần giải thích các từ vựng.

4.   Chúng tôi đưa ra các câu hỏi gợi ý và những điểm cần chú ý được kí hiệu bằng dấu ＊ để giúp hiểu rõ hơn nội dung bài đọc. Bạn đọc hãy dựa vào những nội dung này để tham khảo.

5.   Mục đích của phần câu hỏi tổng hợp là để kiểm tra mức độ hiểu về nội dung bài đọc. Chúng tôi đặt ra các câu hỏi 「まとめ」. Chúng tôi muốn bạn đọc sau khi đọc xong sẽ lấy đó làm căn cứ để suy ngẫm về nội dung bài đọc. Ngoài phần 4, 5, chúng tôi có đưa ra các đáp án ví dụ ở cuối sách.

6.   Ở phần sau cùng các bài khóa, có phần xuất xứ và giới thiệu tác giả để bạn đọc có thể hiểu sâu hơn và phát triển nội dung bài đọc.

7.　Phía trên phần nội dung đọc ⓞ1 là số thứ tự đĩa và số thứ tự các đoạn ghi âm của đĩa. Những chỗ có dấu biểu tượng này có nghĩa là bài đọc đã được thu âm trong đĩa.

8.　Các chương 「1 春はあけぼの」、「12 サラダ記念日」、「20 第 14 条〔法の下の平等〕」được đưa vào như phần lựa chọn. Không có phần câu hỏi gợi ý nhưng bạn đọc hãy đọc cùng với sự giúp đỡ của các thầy cô giáo tiếng Nhật ở trường. Ngoài những chương này thì các chương đều được sắp xếp để bạn đọc có thể tự đọc được.

9.　Chúng tôi bố trí như sau trong cách viết để ưu tiên cao nhất yếu tố tiện lợi cho người học, c
　　・Về cơ bản, chúng tôi phiên âm cách đọc bằng chữ kana đối với những từ có độ khó trên cấp độ 3 của kì thi năng lực tiếng Nhật cũ.
　　・Phiên âm đọc chỉ có ở lần đầu xuất hiện trong các trang.

10.　Phần dịch tiếng Anh, tiếng Trung, tiếng Hàn, tiếng Việt ở quyển danh sách từ vựng chỉ là ý nghĩa cơ bản của từ vựng đó.

11.　Chúng tôi sử dụng cách viết theo chiều dọc đối với 「quyển cao cấp」「quyển trung cao cấp」của dòng sách này, nhưng trong cuốn sách này, chúng tôi cân nhắc trình độ của đối tượng độc giả, nên chủ yếu viết theo chiều ngang. Tuy nhiên, vì dần dần cũng cần phải quen với cách viết theo chiều dọc, nên ở 4 chương 「3 おせい＆カモカの昭和愛惜」「12 サラダ記念日」「20 第 14 条〔法の下の平等〕」「22 吾輩は猫である」chúng tôi sử dụng cách viết theo chiều dọc.

目　次

第 1 章

日本語は
名詞がポイント

花はさくら、さくらは花。
春は美しい。

1 春はあけぼの

清少納言

平安時代の有名なエッセイを
今の言葉に置き換えた文章

1　春はあけぼの。だんだん明るくなっていく山の上の紫色の雲。

　夏は夜。月のあかりがいい。蛍の光もいい。雨が降るのもいい。

5　秋は夕暮れ。夕日の中、カラスが帰る。暗くなった後の風の音や虫の音がとて

　もいい。

　冬は早朝。雪の朝はすばらしい。とても寒いときに、火を持って歩いているの

　もいい。

10

（編者改変）

著者紹介　清　少納言（せい　しょうなごん）

2　生き物は円柱形

本川　達雄

地球に生きているものの共通性と相違性を示す科学的な文章

生き物
円柱形
地球
さまざまな

問1　生き物の特徴は何か。また、生き物の形のうえでの共通点は何か。

最も
〜らしい
多様な
共通性
形
〜のうえで
丸い
まっすぐな
のびる
ごつごつする
でこぼこ

問2　「それ」とは何か。

見なす
うで
胴体
ほぼ
〜といえる
気をつけ
姿勢
全体
ミミズ
〜そのもの

1　　地球には、たくさんの、さまざまな*1生き物がいる。生き物の、最も生き物らしいところは、多様だというところだろう。しかし、よく見ると、その中に共通性がある。形のうえでの分かりやすい共通性

5　は、「生き物は円柱形だ」という点だ。
　　君の指を見てごらん。丸くてまっすぐにのびた形だろう。ごつごつしていたり、でこぼこがあったりしていても、*2それをここでは円柱形と見なすことにしよう。このように見ると、うでも、あしも、首

10　も円柱形だし、胴体もほぼ円柱形といえる。「気をつけ」の姿勢をすれば、体全体が円柱形だと見ることもできる。
　　ミミズやヘビは、円柱そのものだし、ウナギもそ

19

1 うだ。ネコやイヌのあしや胴体も、丸くて長い、つまり円柱形。植物だって円柱形だ。木の幹や枝、草のくきは円柱形。円柱形が集まって、*3全体が作られている。

5 （中略）

(1/04)

　仮に、生き物の基本が円柱形だとすると、*4それには理由があるにちがいない。円柱形だと、*5どんないいことがあるのだろう。

　*6実験してみよう。新聞紙を1まい用意する。ま
10 ずは、広げて立ててみる。くたっと曲がって立てられない。次に、丸めて円柱形にしてみる。すると、立つ。横にして持っても、円柱形だと、しなってたれ下がることはない。では、丸めずに、四角く折って角柱にしてみたらどうだろう。*7これでも、ある
15 程度は強くなる。しかし、どの方向から力を加えるかによって強さにちがいがあるし、角の部分がへこみやすい。

　*8円柱形は、強い形なのである。外から少々の力が加わっても、*9その形を保つことができる。
20 *10これは、生き物にとってたいへん重要なことだ。実は、チョウの羽の中にも円柱形がしっかり入っている。羽をよく見ると、すじのようなものが見える

つまり
〜だって
幹
枝
くき

問3　「全体」とは何か。

仮に
基本
〜とすると

問4　「それ」とは何か。
　〜にちがいない

問5　「どんないいこと」があるのか。

問6　どんな「実験」か。また、その実験で何がわかったか。
　実験する
　〜てみる
　用意する
　まずは
　広げる
　くたっと
　次に
　丸める
　すると
　角柱

問7　「これ」とは何か。
　加える／加わる
　角
　へこむ

問8　「円柱形」はどうして強い形だと言えるか。

問9　「その形」とは何か。
　保つ

問10　「これ」とは何か。
　実は
　羽
　すじ

20

が、*11これが細い細い円柱形の翅脈なのだ。木の葉も同様で、中に葉脈という円柱形の管が通っている。*12これらの円柱形が中にあることで、チョウの羽や木の葉は、広げた新聞紙のようにくたっとなることなく、広い形を保っているのである。

1/05

円柱形は、強いだけでなく、速い形でもある。*13ミミズが円柱形をしているのは、土の中を進んでいくときのていこうが少なく、楽に速く進めるからである。時速百キロメートルものスピードで泳ぐマグロは、円柱形の胴体で、前と後ろが少し細くなっている。高速で進むものの場合は、このように円柱形の前後が細くとがった形になると、ていこうがさらに小さくなる。

円柱形は強い。円柱形は速い。だからこそ、生き物の体の基本となっているといっていいだろう。

生き物は実に多様である。長い進化の時間をかけて、それぞれが独自の多様な生き方をするようになり、多様な大きさや形をかくとくしてきた。そのことを思うと、*14あらゆる生き物に対して、おそれ、うやまう気持ちすらいだかずにはいられない。そういう多様な生き物に囲まれているからこそ、わたしたちのくらしは、*15にぎやかで豊かなのだ。「ああ、

問11 「これ」とは何か。

　翅脈
　同様
　葉脈
　管
　通る

問12 「これら」とは何か。

　～なることなく

　～だけでなく、…でも

問13 「ミミズ」や「マグロ」が円柱形をしているのはなぜか。

　ていこう
　楽に
　時速
　マグロ

　とがる

　だからこそ
　進化
　独自
　かくとくする
　あらゆる
　おそれ
　うやまう
　いだく

問14 「…いだかずにはいられない」のはなぜか。
　～ずにはいられない

　囲む

問15 「にぎやかで豊か」とは、たとえばどういうことか。

　にぎやか
　豊か

21

1 こんな生き方をしている生き物もいるのだ。」と、その多様さを知ることはとてもおもしろい。*16それと同時に、多様なものの中から共通性を見いだし、なぜ同じなのかを考えることも、実におもしろい。

問16 「それ」とは何か。見いだす

| ま | と | め |

1. 「生き物は円柱形」ということから、筆者が言いたいことは何か。
2. 本文から「（名詞）は（名詞）」と同じつくりの文を探してみよ。

出典　『国語 五 銀河』（光村図書出版・2011年刊）

著者紹介　本川　達雄（もとかわ　たつお）

1948年、宮城県生まれ。生物学者、シンガーソングライター。著書に、『ゾウの時間 ネズミの時間—サイズの生物学』（中公新書）、『歌う生物学』（講談社）など。

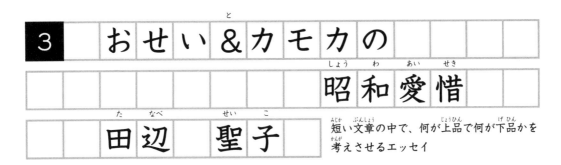

3 おせい＆カモカの昭和愛惜

田辺 聖子

短い文章の中で、何が上品で何が下品かを考えさせるエッセイ

1
06

下品な人が下品な服装、行動をとるのは、これは正しい選択であって下品ではない。

しかし下品な人が、身にそぐわない上品なものをつけているのは下品である。

5
また、上品な人が、その上品さを自分で知ってるのは下品である。

反対に、下品な人が、自分の下品さに気付いていることは上品である。

出典
『おせい＆カモカの昭和愛惜』（文藝春秋・2006年刊）

著者紹介　田辺　聖子（たなべ　せいこ）
1928年、大阪府生まれ。小説家、エッセイスト。『うたかた』、『ジョゼと虎と魚たち』など、著書多数。

昭和
愛惜

下品な
服装
行動をとる
選択
～であって…ではない
身にそぐわない
上品な

| まとめ |

上品、下品ということについて考えてみよ。

4　おならは　えらい

まど・みちお　<ruby>かんたんな言葉でものの本質をとらえた詩<rt>かんたんなことばでもののほんしつをとらえたし</rt></ruby>

1　おならは　えらい

　でてきた　とき
　きちんと　　　　　　　　　　　　　　　　きちんと
　あいさつ　する

5　こんにちは　でもあり
　さようなら　でもある　　　　　　　　　　〜でもあり…でもある
　あいさつを…

　せかいじゅうの
　どこの　だれにでも
10　わかる　ことばで…

　えらい
　まったく　えらい　　　　　　　　　　　　まったく

―――――――――――――――――――――――――――――――

出典　　『しゃっくりうた』（理論社・1985年刊）
著者紹介　まど・みちお
1909年〜2014年、山口県生まれ。詩人。著書に『てんぷらぴりぴり』（大日本図書）、『くまさん』
（童話屋）など。

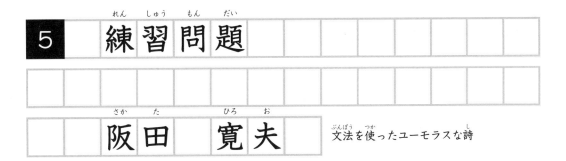

5　練習問題

阪田　寛夫

文法を使ったユーモラスな詩

08

1　「ぼく」は主語です

　　「つよい」は述語です

　　ぼくは　つよい

　　ぼくは　すばらしい

5　そうじゃないからつらい

　　「ぼく」は主語です

　　「好き」は述語です

　　「だれそれ」は補語です

　　ぼくは　だれそれが　好き

10　ぼくは　だれそれを　好き

　　どの言い方でもかまいません

　　でもそのひとの名は

　　言えない

主語

述語

だれそれ
補語

まとめ

この詩の面白いところは
どこか。

出典　　『ポケット詩集』（童話屋・1998年刊）

著者紹介　阪田　寛夫（さかた　ひろお）

1925年〜2005年。大阪府生まれ。詩人、小説家。著書に『サッちゃん』、『ねこふんじゃった』（以
上、国土社）など。

ＮＯＴＥ

　日本語は名詞が中心です。「朝はコーヒー」は"名詞"と"は"だけです。これは"朝はいつもコーヒーを飲む"でしょうか。"朝飲むコーヒーが一番おいしい"でしょうか。どちらにしてもこれだけで立派な日本語です。

「プレゼントはバラの花」

「彼女の誕生日にあげるプレゼントはバラの花」

　"プレゼント"の前には長い説明の文がついてもＯＫです。あなたがあげるプレゼントはどんな花？

・春はあけぼの。

・生き物は円柱形。

・これは上品、それは下品。

書いてみましょう

_____

_____

_____

_____

_____

第2章

日本語の時制は
実に明快！

去年結婚しました。
来月赤ちゃんが生まれます。

6 話し方はどうかな

川上 裕之

話すときの一つの基本をわかりやすく説明した文章

1
　皆さんは、説明をしたり、意見や考えを述べたり、いろいろな場で発言した経験を持っていることと思います。*1そういったときに、「えっ、なんですか。」「なんと言ったんですか。」などと、友達から言葉を挟まれたことはありませんか。周りから*2そう言われるとますます自分のペースを乱され、ついには「しどろもどろ」、大汗をかいて終わるという*3苦い体験をした人は少なくないと思います。*4これは、声量の不足、つまり声が小さすぎるということがあるかもしれませんが、話し方が速すぎるか、遅すぎるかによることが多いのです。話は、速さによって聞き取りにくくも、聞き取りやすくもなります。*5このへんのことを考えてみましょう。

述べる

問1 「そういったとき」とはどんなときか。
　言葉を挟む
　周り

問2 「そう言われる」とはどう言われるのか。
　ますます
　ペースを乱す
　ついには
　しどろもどろ
　汗をかく

問3 「苦い体験」とはどんな体験か。

問4 「これ」は何か。また、それはどうして起こるのか。
　声量
　不足
　聞き取る

問5「このへん」とは何のことか。

1 　日本語という言語を耳から聞いて、いちばん理解しやすい速さというものはどこかにあるはずです。その速さというものをどのように測定して、量的に表したらよいのでしょうか。例えば、ある話を録音

5 して、それをごく普通の漢字仮名交じり文で原稿用紙に書いていきます。そして漢字も、数字も、仮名も、句読点 *punctuation* なども一字として、1分間に何字という表し方をするのです。こういう*6速さの決め方をしましょう。

10 （中略）

①
10

　では、*7いちばん聞きやすい速さとはどれくらいでしょうか。1分間に300字が基準です。これは長い間の放送の経験を通じての結論です。時計の秒針を見ながら、次の文章を声に出して読んでみましょう。

15 　続いて気象情報です。気象庁の観測によりますと、千島列島付近では低気圧が猛烈に発達しています。一方、中国大陸には優勢な高気圧があって、日本付近は強い冬型の気圧配置となっています。上空およそ5,500メートルには氷点下30度以下の強い寒

20 気が入っており、日本海側の各地では、これから明

言語

測定する
量的
表す
録音する
ごく
漢字仮名交じり文
原稿用紙
句読点

問6　どういう「速さの決め方」か。

問7　「いちばん聞きやすい速さ」とはどれくらいか。

基準
放送
経験を通じて
結論
秒針
声に出す

---

1 日の朝にかけて大雪の恐れがあります。特に、東北
地方の日本海側から北陸地方にかけては、多い所で
70センチから1メートルの大雪となる所があるでしょう。太平洋側の各地は晴れる所が多くなりますが、
5 空気が非常に乾燥していますので、火の取り扱いには十分ご注意ください。あさってからは、暖かい日
と寒い日が交互に現れるようになるでしょう。

　これを1分間で読むのです。*8この速さを練習してください。ゆっくりだなあ、あるいは、速いなあと
10 感じるでしょうが、とにかく、この速さをつかんでください。人間の話には、起承転結があり、緩急が
あり、強弱があります。重要な部分の話はゆっくり、そうでない所は速くなるのが普通です。そのことを
一言で「*9話の表情」というとしますと、淡々と1
15 分間に300字の速さで話すのでは無表情です。無表情の人に魅力がないのと同じように、分かりやすい、
聞きやすい、理解しやすい話にはなりません。話の内容に合った表情が必要です。ですから、300字と
いう速さは*10土台と考えてください。この速さで話
20 せる土台があれば、話の表情を豊かにし、魅力的な
話し方ができるようになります。
　これから皆さんは、教室だけではなく、いろいろ

問8 「この速さ」とはどんな速さか。

　つかむ
　起承転結
　緩急
　強弱
　重要な
　部分
　一言で

問9 「話の表情」とは何か。

　表情
　淡々と

問10 「土台」とは何のための土台か。

1 な場で発言する機会が増えることと思います。聞き手によく分かるような話し方を工夫していきましょう。

聞き手によくわかるような話し方とはどういう話し方か。

出典 『新編 新しい国語 1』（東京書籍・2011年刊）
著者紹介 川上 裕之（かわかみ ひろゆき）
1929年、東京都生まれ。元NHKアナウンサー。著書に、『日本語バンザイ』（光人社）、『言葉のプロムナード』（ぎょうせい）など。

7 若々しい女について

向田　邦子

心の中に感じ取った一瞬を書いたエッセイ

(11)

1　　冬になるとよく*¹体験することですが、

「あ、いま、風邪ひいたな」

と思うことがあります。

　　お風呂から出て、薄着でグズグズしていて、気が

5　つくと背筋のあたりがスースーしてくしゃみが出て

しまう。「やられた」と思うあの瞬間です。あわて

て風邪薬を飲んだりします。

　　*²これと同じことが、老いにもいえます。

　　一日の仕事を終えて、深夜テレビを見ている時、気

10　がつくと、じゅうたんにペタンと坐り、背中を丸め、

あごを前に出して、老婆の姿勢をしているのです。

「あ、いま老けた……」

と思います。

　　夕方、買物かごを抱えて買物に出かけます。気の

15　張る人には逢わないだろうと多寡をくくって、口紅

だけの素顔、体をしめつけないだらしのない物を着

問1　どんな「体験」か。
体験
薄着
背筋
スースー
くしゃみ
瞬間
あわてる

問2　「これ」は何か。

あご
老婆
姿勢
老ける

気の張る
多寡をくくる
口紅
素顔

て、サンダルばきです。*3こういう時、ふと見ると、ショーウインドーに、私によく似たお婆さんがうつっているのです。

*4ドキンとします。

いま、*5この瞬間に、年をとったな、と思います。*6こう書くと、なにか一秒一秒、若々しくあるために、必死に頑張っているようですが、*7そうではないのです。私は女のくせに生れついての物臭さで、まめにパックやマッサージをするのがおっくうなのです。そうかといって、年よりもうす汚く老け込んでは、公私共に*8差しさわりがあります。この年で、まだ独身、しかもテレビの台本書きという、若さを必要とする仕事でごはんを頂いているのですから。

外側をかまう代りに、内側から、というと大げさですが、そっちの方でひとつ*9突っかえ棒をしてみようかな、と思っているのです。

私は、ぼんやりしている時、無意識の表情の積み重ねが、老いのしわや、暗くけわしい表情をつくり、姿勢をつくる、と思っていますので、時々、わが身をふりかえり、警戒警報を出すわけです。

サンダル

問3 「こういう時」とはどういう時か。

ショーウインドー

問4 どんな気持ちか。

問5 「この瞬間」とはいつか。

問6 「こう書くと」とはどう書くことか。

一秒一秒

問7 「そう」とは何か。

〜くせに
物臭さ
おっくう
そうかといって
公私共に

問8 何が、どうして「差しさわりがあ」るのか。

差しさわり
独身
台本書き
かまう

問9 「突っかえ棒」をするとはどういうことか。

無意識
表情
積み重ね
けわしい

ま	と	め

筆者は、自分にどんな警戒警報を出しているのか。

出典　『男どき女どき』（新潮社・1985年刊）

著者紹介　向田　邦子（むこうだ　くにこ）

1921年〜1981年。東京都生まれ。脚本家、エッセイスト、小説家。『あ・うん』（文藝春秋）、『思い出トランプ』（新潮社）など、著書多数。

NOTE

　日本語の時制は二つだけ。未来の「する」と過去の「した」。「する」はこれからやること、起こること。「した」はもうやったこと、起こったこと。

　「食べます」は、いただきます！

　「食べました」は、ごちそうさま！

　では、「食べています」は？　これは時制ではないのです。時間の動きではなくて、その状態の連続と考えるのです。

　　　・あ、いま、風邪ひいたな。
　　　・夕方、買物に出かけます。
　　　・皆さんは、どんな話し方をしますか。

書いてみましょう

_____

_____

_____

_____

_____

第 3 章

動作の流れは動きの連続

今、手紙を書いています。
彼が待っているの。

8	落――								

いのちの源になる落ち葉

辰濃 和男

一つの漢字から文化を考える文章

源
落ち葉
訪ねる
結論
〜を先にいえば
原生林
十分に
味わう

問1 何を「十分に味わうことができ」たのか。

もともと
音
〜から成り立つ

問2 「落」という字は何と何から成り立っているか。また、それぞれにはどんな意味があるか。

従って
さま
落葉
生態系
中核
営み
見事に
とらえる

問3 「落」の字は、何を「見事にとらえてい」るのか。

1　伊豆大島の南にある利島を訪ね、「落ちる」ことの意味を考えました。

　結論を先にいえば、利島の原生林をつくっているのは、ゆたかな土であり、そのゆたかな土をつくっているのは落ち葉だということを*¹十分に味わうこ

5　とができました。

（中略）

　「落ちる」という字はもともと、クサカンムリと、音を表す「洛」から*²成り立っています。洛には「水が流れおちる」の意味があり、従って「落」

10　はもともと「草木の葉がおちる」さまを表す字なのです。落葉は森の生態系の中核にある営みで、その営みを「落」の字は*³見事にとらえています。

1 　落ちるという動詞を抜きにしては利島の原生林、利島の椿は考えられません。おびただしい量の原生林の葉は、*4落ちることで、島のいのちをつくってきました。

5 　都会では落ち葉を「汚いもの」「うっとうしいもの」「樋にたまるもの」としてきらう人がいます。落ち葉をいとうがために、いとも容易に*5大木が切られてしまいます。

　200年、300年を生きてきた木を切ってしまう。

10 人びとはそのことをさして異常とは思わない。落ち葉は本来、土に帰って土を肥やし、いのちの源になるものなのです。それを汚いものと退ける頭の硬さ、その頭の硬さを異常だと思わない異常さ、*6そういう時代の風のなかに私たちは生きています。

15 　落ち葉への敬慕の念を失った社会は、*7根っこを失った社会です。

〜を抜きにしては
椿
おびただしい
量
問4 「落ちることで、島のいのちをつくってき」たとはどういう意味か。
〜で…をつくる

うっとうしい
樋
たまる
きらう
いとう
〜がために
容易に
問5 「大木が切られてしま」うのはどこでか。また、どうしてか。
大木
さして
異常
本来
土に帰る
肥やす
退ける
硬さ
問6 「そういう時代」とはどういう時代か。
敬慕の念
失う
問7 「根っこを失った社会」とはどういう社会か。
根っこ

まとめ

利島を訪ねた筆者が考えた「落ちる」ことの意味は何か。

出典　『漢字の楽しみ方——悪字の数々を弁護する』（岩波書店・1998年刊）
著者紹介　辰濃　和男（たつの　かずお）
1930年、東京都生まれ。ジャーナリスト、エッセイスト。著書に、『天声人語 自然編』（朝日新聞社）、『文章のみがき方』（岩波新書）など。

9	秋 あき	の	夜 よ	の	会 かい	話 わ					
		草 くさ	野 の		心 しん	平 ぺい					

ユーモラスな蛙
かえる の世界
せかい の詩
し

1/12

1 さむいね。

ああさむいね。

虫
むし がないてるね。

ああ虫がないてるね。

5 もうすぐ土の中だね。

土の中はいやだね。

痩
や せたね。

君
きみ もずゐぶん痩せたね。

どこがこんなに切
せつ ないんだらうね。

10 腹
はら だらうかね。

腹とつたら死
し ぬだらうね。

死にたかあないね。

さむいね。

ああ虫がないてるね。

虫がなく

痩せる

ずゐぶん

切ない

腹

～したか（あ）ない

| まとめ |

この詩
し には、どんな特徴
とくちょう があり、それは何を生み出しているか。

出典　　『現代語』（東京書籍・2002年刊）

著者紹介　草野　心平（くさの　しんぺい）

1903〜1988年。福島県生まれ。詩人。著書に、『蛙の全体』（落合書店）、『小動物抄』（新潮社）など。
「秋の夜の会話」は、蛙を主人公とした詩集『第百階級』の中の一つ。

NOTE

「食べています」「歌っています」は1枚の場面の連続と考えます。

アニメ・映画のシーンの移り変わりのように……。

「〜ています」は、動いていない"状態"の連続なのです。

さて、今あなたは何をしていますか？　これを読んでいますか？

・虫がないてるね。
・風のなかに私たちは生きています。
・落ち葉はゆたかな土をつくっています。

| 書いてみましょう |

第 **4** 章

日本語の
コミュニケーションは
<ruby>文末<rt>ぶんまつ</rt></ruby>で<ruby>完成<rt>かんせい</rt></ruby>

<ruby>難<rt>むずか</rt></ruby>しいんじゃないでしょうか。

<ruby>無理<rt>むり</rt></ruby>かもしれませんね。

地下鉄銀座線における 大猿の呪い

村上　春樹

人気作家の秘密がわかるような
想像力いっぱいのエッセイ

~における
猿
呪い
先日
向かい
明らかに

問1　どうして「母娘とわかる」のか。
~とわかる
~づれ
膝
手さげ袋
もう~
瓜ふたつ
~だけあって
さすがに~

問2　どのように「感心し納得し」たのか。
納得する
ちらちら
観察する
さっさと
要するに
ただ~
隣りあわせる
アカの他人

問3　誰と誰が「アカの他人」だとわかったのか。
わりに

問4　どういう「思い違い」か。
思い違い
判断力

1 　先日地下鉄に乗ったら向かいの席に明らかに*1母娘とわかる二人づれの女性が座っていた。どちらも膝に同じデパートの手さげ袋をのせ、顔なんてもう瓜ふたつである。

5 　僕も暇だったので「親子だけあってさすがに顔がよく似てるなあ。きっとこの女の子も年をとったらこういうオバサンになっちゃうんだろうな」などと深く*2感心し納得しながらちらちらと二人を観察していたのだが、電車が赤坂見附の駅にとまると年上の女性は何も言わずに一人でさっさと降りてしまっ

10 た。要するにその二人は親子ではなくて、ただ隣りあわせて座っただけの*3アカの他人だったわけだ。

　僕はわりによく*4こういう思い違いをする。判断

1 力に欠陥がある上に（たぶん欠陥はあると思う）、想像力がどんどん先に行っちゃうせいである。だから一度親子だと思いこむと、その二人の女性の親子性が委細かまわずしっかりと一人歩きしてしまうのである。*5困ったことだと思う。

Even though I know I have a troublesome imagination.

5

1/4

しかし*6それにもかかわらず、僕は今でもあの二人の女性は本当は親子なのではなかったろうかという可能性を*7捨てきれずにいる。ただ何かの事情で*8あの二人は自分たちが実は親子であることを知らずにいるのではないか、と。

10

たとえばあの若い娘は赤ん坊の頃に——たとえば東京オリンピックの年に——森の奥で大猿にさらわれたのかもしれない。母親が苺をつみおえて戻ってきたとき、赤ん坊の姿はもう*9そこにはなく、小さな毛糸の帽子と大猿の毛が残されているだけだった。

15

そして*10それから22年が経った。娘は8歳まで大猿に育てられたが、そののちに町にでて町長の家にひきとられ、美しい娘に成長し、今日は銀座の松屋のステンレスの胡椒入れを買いにきたのだ。でも母親は彼女が死んでしまったと思いこんでいるから、地下鉄の座席でとなりあわせても、*11それが自分の娘だとは気づかない。*12大猿の呪いはまだ彼女たち

20

欠陥
〜がある上に
想像力
どんどん
先に行く
〜せい
思いこむ
親子性
委細かまわず
一人歩き

問5　どんなことが「困ったこと」なのか。
　〜にもかかわらず

問6　「それ」とは何か。また、「それにもかかわらず」はどこにかかるか。
　可能性
　〜ずにいる

問7　どんなことを「捨てきれずにいる」のか。
　事情

問8　「あの二人」は誰のことか。
　赤ん坊
　さらう
　苺
　つむ
　〜おえる

問9　「そこ」とはどこか。
　毛糸

問10　「それから」はいつからか。
　町長
　ひきとる
　成長する
　ステンレス
　胡椒
　座席

問11　「それ」とは何か。

問12　「大猿の呪いは…のしかかっている」とはどういうことか。

43

1 　の上にのしかかっているのだ。

> 銀座線：東京の地下鉄路線の一つ。浅草駅から渋谷駅ま
> 　　　　でを結ぶ。
> 赤坂見附：東京都千代田区の地名。有名なホテルがある
> 　　　　都心の駅。
> 東京オリンピック：1964年に日本で初めて開かれた第18
> 　　　　回夏季五輪大会。
> （銀座）松屋：歴史ある有名な百貨店の一つ。

のしかかる

■	ま	と	め

1. 筆者はどのようなことからどのような想像をしていったか。
2. このように想像をふくらませる筆者についてどう思うか。

出典　　　『ランゲルハンス島の午後』（新潮社・1990年刊）

著者紹介　村上　春樹（むらかみ　はるき）

1949年、京都府生まれ。小説家。『ノルウェイの森』（講談社）、『1Q84』（新潮社）など、著書多数。

11	に	よ	っ	記							
	穂	村	弘								

毎日の生活で見た面白いことを
日記の形で書いた文

1　5月7日　電車の子供

　電車のなかで小さな女の子に話しかけられる。　　　　話しかける

「これ、可愛いから抱いてるの」

　女の子は犬のぬいぐるみを抱いていた。　　　　　　　抱く
　　　　　　　　　　　　　　　　　　　　　　　　　　ぬいぐるみ

5「そ、そう」

「おじさんは？」

「お、おじさんは、何にも抱いてないよ」

「そうなの」

　そうなの、ってみればわかるだろうに。　　　　　　　〜って
　　　　　　　　　　　　　　　　　　　　　　　　　　〜ばわかるだろうに

10　何にも抱いてないよ。

　電車のなかで何かを抱いてる41歳は変だよ。

　すると、女の子は突然車内広告を指さした。　　　　　突然
　　　　　　　　　　　　　　　　　　　　　　　　　　車内
　　　　　　　　　　　　　　　　　　　　　　　　　　広告
「あ、あったよ、英語！」　　　　　　　　　　　　　　指さす

45

₁ 「ええ?」

「ほら、あっちにも」

うーん、わけがわからない。

君の家では英語をみつけたら、教える決まりなの

₅ か?

それにそれは「英語」じゃなくて「カタカナ」だ

よ。

(16/16)

８月２１日　おりまーす

私は混んだ電車に立っていた。

₁₀ 目的の駅に着いたので、おりまーす、と呟くと、

前に立っていた女の子が、はーい、と云って道をあ

けてくれた。

やさしい、かわいい、あかるい、やさしい、かわ

いい、あかるい、やさしい、かわいい、あかるい、

₁₅ やさしいと思って涙が溢れる。

あっち	
わけがわからない	
決まり	
混む	
呟く	
道をあける	
溢れる	

出典　　『にょっ記』（文藝春秋・2006年刊）

著者紹介　穂村　弘（ほむら　ひろし）

1962年、札幌市生まれ。歌人、詩人、批評家、翻訳家。著書に、『シンジケート』（沖積舎）、『君がいない夜のごはん』（NHK出版）など。

ＮＯＴＥ

　日本語は文末で伝えたい事柄が決まります。丁寧さも決まります。"文末まで聞かないとわからない言語"というのは、多くの場合、相手の気持ちを考えているから、と言えます。相手の嫌いな事柄は文末でやめることができるし、ＹＥＳ・ＮＯも途中で変えることができます。

「この本はあなたにはちょっと難しいんじゃないんじゃないでしょうか」

さて難しいの？　難しくないの？

・知らずにいるのではないか、と。

・みればわかるだろうに。

・オリンピックの年にさらわれたのかもしれない。

書いてみましょう

_____

_____

_____

_____

_____

_____

第 5 章

強い願望は祈りの言葉

雨よ降れ。
乾いた大地に、もっと降れ。

12	サ	ラ	ダ	記	念	日 (きねんび)				

俵 万智 (たわら まち)　　話し言葉でうたう愛の短歌

1

⑰

「また電話しろよ」「待ってろ」

いつもいつも命令形で愛を言う君

「嫁さんになれよ」だなんて

カンチューハイ二本で言ってしまっていいの

出典　『サラダ記念日　俵万智歌集』（河出書房新社・1987年刊）

著者紹介　俵 万智（たわら まち）
1962年、大阪府生まれ。歌人。『サラダ記念日』、『チョコレート革命』（以上、河出書房新社）など、著書多数。

13	関	白	宣	言							
かん ばく せん げん

		さ	だ		ま	さ	し				

命令形でうたう愛の歌詞
めいれいけい　　　　　あい　かし

1　お前を嫁にもらう前に

　　言っておきたい事がある

　　かなりきびしい話もするが

　　俺の本音を聴いておけ

5　俺より先に寝てはいけない

　　俺より後に起きてもいけない

　　めしは上手く作れ　いつもきれいでいろ

　　出来る範囲で構わないから

　　忘れてくれるな　仕事も出来ない男に

10　家庭を守れるはずなどないってことを

　　お前にはお前にしか　できない事もあるから

　　それ以外は口出しせず

　　黙って俺についてこい

関白
宣言
嫁にもらう
〜ておく
きびしい
俺
本音

範囲
構わない
〜てくれるな
仕事が出来る
家庭を守る
〜はずはない
〜しか…ない

それ以外
口出しする

⓪¹⁹

1　お前の親と俺の親とどちらも

　　同じだ大切にしろ

　　姑小姑かしこくこなせ　たやすいはずだ

　　愛すればいい

5　人の陰口言うな聞くな　それからつまらぬ

　　シットはするな

　　俺は浮気はしない　たぶんしないと思う

　　しないんじゃないかな

　　ま、ちょっと覚悟はしておけ

10　幸福は二人で育てるもので

　　どちらかが苦労して

　　つくろうものではないはず

　　お前は俺の処へ　家を捨てて来るのだから

　　帰る場所は無いと思え

15　これから俺がお前の家

1　子供が育って年をとったら

　俺より先に死んではいけない

　例えばわずか一日でもいい

　俺より早く逝ってはいけない

5　何もいらない　俺の手を握り

　涙のしずく　ふたつ以上こぼせ

　お前のお陰で　いい人生だったと

　俺が言うから　必ず言うから

　忘れてくれるな　俺の愛する女は

10　愛する女は生涯お前ひとり

　忘れてくれるな　俺の愛する女は

　愛する女は生涯お前　ただ一人

わずか
一〜でいい
逝く

握る

涙
しずく
こぼす
〜のお陰で

生涯

ま　と　め

この歌詞の面白い点はどこか。

出典　　「関白宣言」（JASRAC 出1305277-803）

著者紹介　さだ　まさし

1952年、長崎県生まれ。シンガーソングライター、タレント、小説家。『時のほとりで』（新潮文庫）、『解夏』（幻冬舎）など、著書多数。「関白宣言」は79年の作詞。

14 天井の高さ

長田 弘　リズムのある文体で空間と
心の関係が書かれたエッセイ

①/21

1　何もないほうがいい。音楽もないほうがいい。静
けさがなくてもいいが、人の声で賑わしいほうがい
い。ただ*1尖った騒がしさはなくていい。べつに飾
りがなくていい。どこかに季節の花があるというふ
5　うでいい。明るくなくてもいいが、暗すぎないほう
がいい。木のテーブルと木の椅子でいい。混みあっ
ても、たがいの視線が気にならない。*2そういう距
離があれば、何もなくていい。何もないほうがいい。

　ただ一つ、*3天井だけは、高くなくてはいけない。
10　天井が低ければ、低いというただそれだけで、気が
塞がれてしまう。天井が高ければ、高いというそれ
だけで、気分が開かれる。高い天井の下では、ひと
が空間にしめる場が、それだけちいさくなる。そし

天井
高さ
静けさ
賑わしい
ただ〜

問1「尖った騒がしさ」
とはどういうことか。
尖る
騒がしい
飾り
〜というふう
混みあう
視線
気になる
距離

問2「そういう距離」と
はどんな距離か。
ただ〜だけ

問3「天井だけは、高く
なくてはいけない」のは
どうしてか。
気が塞ぐ
気分
しめる

54

1　てふしぎに、ひとのエゴもちいさくなる。高い天井の下だと、ふっとじぶんから離れられる。そこにいる*⁴時間が透明に感じられるようになる。

（後略）

エゴ
ふっと
透明な

問4　「時間が透明に感じられる」とはどういうことか。

ま	と	め

1．この文章はどのような場所を考えて書かれているか。
2．この文章の形で気がついたことはないか。

出典　『小道の収集』（講談社・1995年刊）
著者紹介　長田　弘（おさだ　ひろし）
1939年〜2015年、福島県生まれ。詩人。『散歩する精神』（岩波書店）、『笑う詩人』（人文書院）など、著書多数。

NOTE

　日本語の「命令形」はいわゆる「命令」だけではありません。

「強い願い」ですから、それは祈りの言葉でもあります。

　「子どもたちよ、大きくなれ、強くなれ……」

　「早く来い来い、お正月……」

　日常的な話し言葉の「命令」は、多く「～してください」を使います。

　「このテストはエンピツで書いてください」

　「ここに自転車を止めないで（ください）」など……。

・何もないほうがいい。
・俺より先に寝てはいけない。
・また電話しろよ。

書いてみましょう

_____

_____

_____

_____

_____

第 6 章

「する」は人のやること。
「なる」はその結果

旅をした。大人になった。

15 壊れたと壊したは違う

向田 邦子

言葉の使い方について書かれたエッセイ

02

1　小学六年のとき、父に買ってもらったガラス製の
筆立てを落として割ってしまった。

「買ってやった筆立てはどうした」

失くなっているのに気がついた父が、たずねた。

5　「壊れました」

軽い気持で答えると、急に語気を強め、

「もう一度いってみろ」

あっ怒られるな、と一瞬*1思った。でも、もう一
度オズオズといった。

10　「壊れました」

すると、いきなり平手で頬を張り飛ばされて、*2私
はあお向けに畳の上に転倒した。わけもわからず呆
然とする私を、父は顔に青筋をたて、にらみ下ろす

壊れる
壊す

〜製
筆立て
失くなる
〜に気がつく

語気を強める
一瞬

問1　どうして「怒られ
る」と思ったのか。

オズオズと
いきなり
平手
頬を張る

問2　「私」はどういう様
子か。また、どうしてか。
「父」はどうか。

あお向け
畳
転倒する
わけもわからず
呆然と
青筋をたてる
にらむ

1　と、

「ちゃんと言ってみろ。おまえが壊したんだろう。

それとも、ジーッと見ているうちに、筆立てが自然

にパカッと割れたのか」

5　とてつもなく威圧的な声だった。私は喉をヒクつ

かせながら、つまる声で答えた。

「落っことしました」

　すると、父は少し声を落として、

「そんなのは、壊したというんだ。壊れたというの

10　とはぜんぜん違うんだ」

2 03

　そして紙に鉛筆で、「壊れた」「壊した」と書き、

私の顔につきつけると、

「どうだ、違うだろ、ハッキリしろ、これからも、

ずっと、そうしろ」

15　と*3命令した。父が立ち去ったあと、私はくやし

くて嗚咽が止まらなかった。正直いってなんとひど

い親だろうと恨みもした。

　*4明治生まれの父は、格別の教養もなく、保険会

社の支店長までつとめたありふれた日本男児である。

20　血圧が高く、趣味みたいに怒っていた。長女の私は、

*5父の怒りをもろにかぶっていた。

　その父も十年前に亡くなったが、今思うと、けっ

ジーッと見る
〜ているうちに
パカッと

とてつもなく
威圧的な
喉をヒクつかせる
つまる
落っことす

声を落とす

つきつける
ハッキリする

問3　父は何を「命令した」か。私はどんな気持ちだったか。

立ち去る
くやしい
嗚咽
正直いって
ひどい
恨む

問4　「父」はどんな人だったか。

格別
教養
保険会社
支店長
つとめる
ありふれた
日本男児
血圧
趣味
怒り

問5　「父の怒りをもろにかぶっていた」のはどうしてか。

もろにかぶる

1 して子どもに媚びず、手かげんしなかった生き方は
*6立派ではないか。おかげで、自分で考え行動する
習慣がついたし、そういう意味では*7感謝している。

(handwritten annotations: "Author actually thinks the father was admirable" / "手段" / "Thankful for this specific point, but a lot of other issues")

媚びる
手かげんする
生き方

問6 どうして「立派」だと思うのか。
　立派
　おかげで
　習慣がつく

問7 どうして「感謝」しているのか。
　感謝する

ま	と	め

筆者の父は、「壊れた」と「壊した」の違いを通じて、何が言いたかったのか。

出典　『男どき女どき』（新潮社・1985年刊）
著者紹介　向田 邦子（むこうだ くにこ）
1929年～1981年。東京都生まれ。脚本家、エッセイスト、小説家。『あ・うん』（文藝春秋）、『思い出トランプ』（新潮社）など、著書多数。

16 ちょっと立ち止まって

桑原 茂夫

ものの見方を変えてみると面白い
というエッセイ

1　自分ではAだと思っていたものが、人からBともいえると指摘され、なるほど*¹そうもいえると教えられた経験は多いことだろう。

　　　　　　　　左の図は「ルビンのつぼ」と題されたものである。よく見ると、この図から*²二種類の絵を見てとることができるはずだ。白い部分を中心に見ると、優勝カップのような形をしたつぼがくっきりと浮かび上がる。こ

10　のとき、黒い部分はバックにすぎない。今度は逆に、黒い部分に注目してみる。すると、向き合っている二人の顔の影絵が見えてきて、白い部分はバックになってしまう。

立ち止まる

指摘する

問1　どう「いえる」のか。

経験

つぼ
題する

問2　「二種類の絵」は、それぞれどんな絵か。

種類
見てとる
部分
中心
優勝カップ
くっきりと
浮かび上がる
〜にすぎない
注目する
向き合う
影絵

1　この図の場合、つぼを中心に見ているときは、見えているはずの二人の顔が見えなくなり、二人の顔を中心に見ると、一瞬のうちに、目からつぼの絵が消え去ってしまう。

5　*3このようなことは、日常生活の中でもよく経験する。今、公園の池に架かっている橋の辺りに目を向けているとしよう。すると、橋の向こうから一人の少女がやって来る。目はその少女に引きつけられる。このとき、橋や池など周辺のものはすべて、単なる背景になってしまう。カメラでいえば、あっという間に、ピントが少女に合わせられてしまうのである。ところが逆に、その橋の形が珍しく、それに注目しているときは、その上を通る人などは背景になってしまう。

②05

15　見るという働きには、*4思いがけない一面がある。一瞬のうちに、中心に見るものを決めたり、それを変えたりすることができるのである。

20　*5上の図の場合はどうであろうか。ちょっとすまして図の奥の方を向いた若い女性の絵と見る人もいれば、毛皮のコートにあごをうずめたおばあさんの

一瞬のうちに

消え去る

問3 「このようなこと」はどんなことか。公園の例で説明せよ。

架かる
辺り
目を向ける
引きつける
周辺
すべて
単なる
背景
あっという間に
ピントを合わせる

働き

問4 「思いがけない一面」とはどういうことか。

思いがけない
一面

問5 「上の図の場合」を説明せよ。

すます
奥
毛皮
あご
うずめる

1 　絵と見る人もいるだろう。あるいは、ほかの絵と見る人もいるかもしれない。

　　だれでも、ひと目見て即座（そくざ）に、何かの絵と見ているはずだが、そうすると、別（べつ）の絵と見ることは難（むずか）し

5 い。若い女性の絵だと思った人には、おばあさんの絵は簡単（かんたん）には見えてこない。おばあさんの絵と見るためには、とりあえず、今見えている若い女性の絵を意識（いしき）して捨（す）て去（さ）らなければならない。

　（中略（ちゅうりゃく））

10 　わたしたちは、ひと目見たときの印象（いんしょう）にしばられ、一面のみをとらえて、その物（もの）のすべてを知（し）ったように*6思いがちである。しかし、一つの図でも風景（ふうけい）でも、見方（みかた）によって見えてくるものが違（ちが）う。そこで、物を見るときには、ちょっと立（た）ち止（ど）まって、ほかの

15 見方を試（ため）してみてはどうだろうか。中心に見るものを変えたり、見るときの距離（きょり）や角度（かくど）を変えたりすれば、その物の他（ほか）の面（めん）に気づき、新（あたら）しい発見（はっけん）の驚（おどろ）きや喜（よろこ）びを味（あじ）わうことができるだろう。

〜と見る

ひと目見る
即座

とりあえず
捨て去る

印象
しばる
〜のみ
とらえる

問6　どう「思いがち」か。

〜がち
風景
見方

試す

距離
角度

味わう

筆者（ひっしゃ）は、何を提案（ていあん）しているのか。

出典　　『国語1』（光村図書出版・2011年刊）
著者紹介　桑原　茂夫（くわばら　しげお）
1943年、東京都生まれ。編集者。著書に、『ことば遊び百科』（筑摩書房）、『アリスのティーパーティ』（河出書房新社）など。

17　てつがくのライオン

工藤　直子

わかりやすい言葉で深く味わわせる
詩のような文章

1　ライオンは*¹「てつがく」が気に入っている。かた
つむりが、ライオンというのは獣の王で哲学的な様
子をしているものだと教えてくれたからだ。
　　きょうライオンは*²「てつがくてき」になろうと思
5　った。哲学というのは坐りかたから工夫した方がよ
いと思われるので、尾を右にまるめて腹ばいに坐り、
前肢を重ねてそろえた。首をのばし、右斜め上をむ
いた。尾のまるめ工合からして、その方がよい。尾
が右で顔が左をむいたら、でれりとしてしまう。
10　ライオンが顔をむけた先に、草原が続き、木が一本
はえていた。ライオンは、その木の梢をみつめた。
梢の葉は風に吹かれてゆれた。ライオンのたてがみ
も、ときどきゆれた。

問1　どうしてライオン
は、「てつがく」が気に入っ
ているのか。
　〜が気に入る
　かたつむり
　獣
　哲学
　様子
　〜ものだ

問2　ライオンは「てつ
がくてき」になろうとし
て、どんなふうにしたか。
　坐る
　尾
　まるめる
　腹ばい
　前肢
　重ねる
　そろえる
　首をのばす
　斜め上
　〜からして
　でれり
　〜先
　草原
　はえる
　梢
　みつめる
　たてがみ

1 （だれか来てくれるといいな。「なにしてるの？」

と聞いたら「てつがくしてるの」って答えるんだ）

*³ライオンは、横目で、だれか来るのを見はりなが

らじっとしていたが誰も来なかった。

問3 ライオンは「てつ
がく」をしながら何を思っ
ていたか。
　見はる

5 日が暮れた。ライオンは肩がこってお腹がすいた。

（てつがくは肩がこるな。お腹がすくと、てつがく

はだめだな）

きょうは「てつがく」はおわりにして、かたつむり

のところへ行こうと思った。

日が暮れる
肩がこる
お腹がすく

おわりにする

10 「やあ、かたつむり。*⁴ぼくはきょう、てつがくだ

った」

「やあ、ライオン。それはよかった。で、どんなだ

った？」

「うん。こんなだった」

問4 ライオンの「てつ
がく」とはどうすること
か。

　どんなだった

　こんなだった

65

1　ライオンは、てつがくをやった時のようすをしてみ

せた。さっきと同じように首をのばして右斜め上を

みると、そこには夕焼けの空があった。

「ああ、なんていいのだろう。ライオン、あんたの

5　哲学は、とても美しくてとても立派」

「そう？　……とても……何だって？　*5もういち

ど言ってくれない？」

「うん。とても美しくて、とても立派」

「そう、ぼくのてつがくは、とても美しくてとても

10　立派なの？　ありがとうかたつむり」

ライオンは肩こりもお腹すきも忘れて、*6じっとて

つがくになっていた。

夕焼け

立派な

問5　このときのライオンの気持ちはどうか。

肩こり
お腹すき

問6　ライオンはどうなっていたか。

ま	と	め

1.　てつがくをしようと
思ってそれをしてい
たライオンと、てつ
がくになったライオ
ンとはどう違うか。
2.「てつがくのライオン」
は何が面白いのか。

出典　　『てつがくのライオン』（理論社・1982年刊）

著者紹介　工藤　直子（くどう　なおこ）

1935年、台湾生まれ。詩人、童話作家。『こぶたはなこさんのおべんとう』（童話屋）、『とうちゃん
と』（筑摩書房）など、著書多数。

ＮＯＴＥ

「する」は目的があって人（もちろん犬でも猫でも……）がやります。「なる」はその結果。人が決めることはできないのです。

「勉強しても上手にならない」。勉強したのはあなた。さて、上手にならないのは、だれの責任でしょう？

　　・壊れたと壊した。
　　・そう見えてしまう。
　　・じっと「てつがく」になっていた。

書いてみましょう

_____

_____

_____

_____

_____

_____

第 **7** 章

「する」ほうと
「される」ほう

嘘<ruby>嘘<rt>うそ</rt></ruby>をつかれて、
お金<ruby>盗<rt>ぬす</rt></ruby>まれて、<ruby>叱<rt>しか</rt></ruby>られた。

文ちゃん

芥川 龍之介

結婚までのやり取りに
日本の昔の文化が見える手紙文

2/08

1　文ちゃん

　僕は、まだこの海岸で、本を読んだり原稿を書い
たりして、暮らしています。いつごろ、うちへ帰る
か、それはまだはっきり分かりません。が、うちへ
5　帰ってからは、文ちゃんに、こういう*¹手紙を書く
機会がなくなると思いますから、奮発して、一つ長
いのを書きます。昼間は、仕事をしたり泳いだりし
ているので、忘れていますが、夕方や夜は、*²東京
が恋しくなります。そうして、早くまた、あの明
10　かりの多い、にぎやかな通りを歩きたいと思います。
しかし、東京が恋しくなるというのは、東京の町が
恋しくなるばかりではありません。東京にいる人も
恋しくなるのです。*³そういう時に、僕は時々、文

海岸
原稿

問1 「手紙を書く機会が
なくなる」のはどうして
だと思うか。

機会
奮発する
一つ〜する

問2　どうして「東京が
恋しくな」るのか。

恋しい
明かり

〜ばかりではない

問3 「そういう時」とは
どういうときか。

1 ちゃんのことを思い出します。文ちゃんを*4もらい
たいということを、僕が*5兄さんに話してから、何
年になるでしょう。(*6こんなことを、文ちゃんに
あげる手紙に書いていいものかどうか、知りませ
5 ん。)*7もらいたい理由は、たった一つあるきりで
す。そうして、その理由は僕は、文ちゃんが好きだ
ということです。もちろん昔から、好きでした。今
でも、好きです。そのほかに何も理由はありません。
僕は、世間の人のように、結婚ということと、いろ
10 いろな生活上の便宜ということとを*8一つにして考
えることのできない人間です。ですから、*9これだ
けの理由で、兄さんに、文ちゃんをいただけるなら
いただきたいと言いました。そうして、*10それは
いただくともいただかないとも、文ちゃんの考え一
15 つで、決まらなければならないと言いました。僕は、
今でも、兄さんに話した時のとおりな*11心持ちでい
ます。

2/09

とにかく、僕が文ちゃんをもらうかもらわないか
ということは全く文ちゃんしだいで、決まることな
20 のです。僕からいえば、もちろん、承知していただ
きたいのにはちがいありません。しかし、一分一厘
でも、文ちゃんの考えを、無理に、動かすようなこ

問4 「もらいたい」とは
どういうことか。

問5 「兄さん」とは誰か。

問6 「こんなこと」とは
何か。

問7 「もらいたい理由」
は何か。
　たった～きり

世間
便宜
問8 「～を一つにして考
える」とはどういうこと
か。

問9 「これ」とは何か。

問10 「それ」とは何か。
　～一つで

問11 どのような「心持
ち」か。

～しだいで

承知する
～にちがいない
一分一厘

71

1 とがあっては、文ちゃん自身にも、文ちゃんのお母

さまや兄さんにも、*12僕がすまないことになります。

ですから、文ちゃんは、全く自由に、自分でどっち

とも*13決めなければいけません。万一、後悔するよ

5 うなことがあっては、*14大変です。

　　僕のやっている*15商売は、今の日本で、いちば

ん金にならない商売です。そのうえ、僕自身も、ろ

くに金はありません。ですから、生活の程度からい

えば、いつまでたってもしれたものです。それから、

10 僕は、体も、頭もあまり*16上等にできあがっていま

せん。（頭のほうは、それでも、まだ少しは自信が

あります。）うちには、父、母、伯母と、年寄りが

三人います。*17それでよければ、来てください。

（2/10）

　　僕には、文ちゃん自身の口から、飾り気のない返

15 事を聞きたいと思っています。繰り返して書きます

が、理由は一つしかありません。僕は、文ちゃんが

好きです。それだけでよければ、来てください。

この手紙は、人に見せても見せなくても、文ちゃん

の自由です。

20 　　一の宮は、もう秋らしくなりました。木槿の葉が

しぼみかかったり、弘法麦の穂が焦げ茶色になった

りしているのを見ると、心細い気がします。僕がこ

問 12 「僕がすまないこ
とにな」るとはどういう
ことか。

問 13 何を「決めなけれ
ばいけ」ないのか。

　　万一
　　後悔する

問 14 誰にとって、何が
「大変」なのか。

問 15 筆者の「商売」は
何だと思うか。

　　商売
　　そのうえ
　　しれたもの

問 16 「上等にできあ
がってい」ないとはどう
いうことか。

　　上等
　　それでも、まだ
　　自信
　　伯母
　　年寄り

問 17 「それでよければ」
とはどういうことか。

　　飾り気のない

　　繰り返す

　　〜らしい
　　しぼむ
　　〜かかる
　　穂
　　焦げ茶色
　　心細い
　　気がする

1 こにいる間に、書く暇と、書く気とがあったら、も
う一度手紙を書いてください。「暇と気とがあった
ら」です。書かなくってもかまいません。が、書い
ていただければ、なお、うれしいだろうと思います。

5 　これでやめます。皆さまによろしく。

　　　　　　　　　　　　　　芥川龍之介

なお

この手紙から感じられる
筆者の人柄を述べよ。

出典　　『現代語』（東京書籍・2002年刊）

著者紹介　芥川　龍之介（あくたがわ　りゅうのすけ）

1892年～1927年、東京都生まれ。小説家。『羅生門』、『鼻』（以上、新潮文庫）など、著書多数。

19 結婚式

え くに か おり

江國　香織

柔らかな文体で
結婚式について書かれたエッセイ

②11

1　結婚することにしました、と言うひとに会うと、

いいなあ、と、思う。私も結婚してるのに。

どうしてだろう。

結婚式に出席するのも好き。幸せな気持ちになる。

5　人生がいいものに思える。

考えてみればこれも*1妙で、上司だの恩師だの親

戚だのがずらっとならび、訓話とお世辞のブレンド

された退屈なスピーチをききながら、ぎくしゃくと

料理を食べて酔っ払う、という「結婚式」は*2気恥

10　かしい。どう考えても気恥かしい。

でも、招かれるのは好き。はりきってでかける。

新郎と新婦の両方について、ああ、ああいう家族

の中で育ったのか、とか、ああいう友達がいるのか、

とか、ああいう人々と仕事をしているのか、とか考

15　える。大事に育てられたんだろうなあ、と思う。夫

婦で出席している招待客も多いから、ついでにその

夫婦も*3観察する。いびきのうるさそうな夫だ、と

〜ことにする
妙な

問1　どうして「妙」な
のか。
上司
恩師
〜だの…だの
親戚
ずらっと
訓話
お世辞
ブレンド
退屈な
ぎくしゃく
酔っ払う
気恥かしい

問2　何が「気恥かしい」
のか。
招く
はりきる
新郎
新婦
両方
招待客
ついでに
観察する

問3　どういうことを「観
察する」のか。
いびき
一緒にいる
一体

問4　「そうしているう
ち」とはどうしているう
ちか。
しみじみ

か、恐そうな妻だ、とか。何年くらい一緒にいるのだろう、とか、一体どこが好きなんだろう、とか、あれがそのコドモか、とか。

2/12

*4そうしているうちに、すごくしみじみしてしまう。友人の歌う歌とか親戚のうなる浪曲とかも、なんとなく、よし、と思う。

なにこれ、と思うくらい大きく角ばった、隅に小さな花束のつきだした紙袋を受けとって帰るころには、疲労と幸福の余波とで、*5頭がぼうっとしている。

新郎新婦はくたくただろうな、と思い、あしたから旅行なんて大変、と思い、帰ったら新しい生活に慣れるまでさらに大変、と*6同情する。彼らと違い、私は普通の生活に戻れるのだ、と、心秘かに*7安堵する。

そして、それでもなお、彼らの発していた尋常ならざる幸福に、結婚するほど度を失っているその状態に、私はやっぱり、いいなあ、と、つぶやく。

うなる
浪曲
なんとなく
よし
なにこれ
角ばる
隅
花束
つきだす
紙袋
疲労
幸福
余波

問5 「頭がぼうっとしている」のは、いつ、どういう状況か。
　ぼうっと
　〜なんて
　さらに
　同情する

問6 誰に、何を「同情する」のか。
　心秘かに
　安堵する

問7 どうして「安堵する」のか。
　それでもなお
　発する
　尋常な
　〜ならざる
　度を失う
　つぶやく

| ま | と | め |

結婚式を「やっぱり、いいなあ」という筆者は、結婚式に対してどんな思いを持っているか。

出典　『とるにたらないものもの』（集英社・2003年刊）
著者紹介　江國　香織（えくに　かおり）
1964年、東京都生まれ。小説家、翻訳家、詩人。『きらきらひかる』（新潮社）、『間宮兄弟』（小学館）など、著書多数。

20	第14条						
	〔法の下の平等〕						

①

すべて国民は、法の下に平等であって、人種、信条、性別、社会的身分又は門地により、政治的、経済的又は社会的関係において、差別されない。

平等
国民
法の下に
人種
信条
性別
社会的身分
門地
政治的
経済的
差別する

出典

『日本国憲法』（一九四六年十一月三日公布、一九四七年五月三日施行）

21　意地悪のエネルギー

大江　健三郎

ノーベル賞作家が
子ども時代に思ったことについての文章

1　　ただ意地悪な気持に動かされて、人を批評してし

まうのは、子供のやる――大人でもやりますが――い

ちばん*1良くないことのひとつです。

　　子供の私にも、家族や友達や村の通りで出会うだ

5　けの人や、さらに犬や猫にたいして、意地悪な気持

になることはよくあったものです。*2それも相手に

理由があってというのではなく、自分のなかに「意

地悪のエネルギー」が湧き起こって、押さえられな

い結果でした。

10　　子供が、つい意地悪なことをやってしまうのは、

まあ、*3仕方のないことでしょう。いまいったとお

り、「意地悪のエネルギー」が働きだして、それに

動かされているのですから。

意地悪
批評する

問1　「良くないこと」と
は何か。

　〜のひとつ
　通り

問2　「それ」は何か。

湧き起こる
押さえる

つい〜てしまう
仕方がない

問3　何が「仕方のない
こと」か。また、どうし
てか。

1 　そのように意地悪なことをしてしまった後で、自

分が意地悪だった、と気が付かないことはまず*4あ

りません。自分がやったことを、胸のなかのブラウ

ン管に映し出されるような思いがします。しかも、

5 「意地悪のエネルギー」は、いったん使ってしまっ

た以上、弱くなっています。つまり、*5反省するこ

とは難しくありません。*6反省の仕方としては、自

分がいったりしたりした意地悪なことをよく思い出

した上で、

10 　──こんなことは、なにも生み出さない！　とつく

づく思うだけでいいのです。

　その反対に*7悪い態度は、自分が意地悪をしたの

は、相手にこちらの意地悪をさそうところがあった

からだ、と考えることです。相手の※ヴァルネラビリ

15 ティーのせいにすることです。

※ヴァルネラビリティー（Vulnerability）：傷、非難、攻撃などを受
けやすいこと

（右段）

気が付く
まず～ない

問4　何がないのか。

ブラウン管
映し出す
思いがする
しかも
いったん～した以上
反省する

問5　なぜ「反省するこ
とは難しく」ないのか。

問6　「反省の仕方」とし
ては、どうすればいいか。

～した上で
生み出す
つくづく思う
態度

問7　「悪い態度」はどん
な態度か。

さそう
～のせいにする

まとめ

1.　筆者の言う「意地悪
のエネルギー」とは
どんなものか。
2.　筆者が言いたいこと
は何か。

出典　　『「新しい人」の方へ』（朝日新聞社・2003年刊）
著者紹介　大江　健三郎（おおえ　けんざぶろう）
1935年、愛媛県生まれ。小説家。ノーベル文学賞受賞。『静かな生活』、『万延元年のフットボール』
（以上、講談社)など、著書多数。

NOTE

「する」側と「される」側と両方あって、日本語では「される」という「受ける」立場に気持ちを向けます。

「金を取られた」「足を踏まれた」「雨に降られた」……は、困ったこと、いやなこと。「ほめられた」「愛された」はうれしいこと。どちらにしても、「受ける」"人"の気持ちを強く考えています。

「明日のパーティーは6時から開かれます」は"人"ではないので、「気持ち」はありませんね。こんな言い方もよく使われています。

・結婚式に招かれる。
・両親に大事に育てられた。
・雨に降られる。

書いてみましょう

_____

_____

_____

_____

_____

第 8 章

感じたことが
そのまま言葉に

どんぐりころころ。
しとしとぴっちゃん。

22 吾輩（わがはい）は猫（ねこ）である

夏目（なつめ）　漱石（そうせき）

長編小説の有名なはじめの部分（ちょうへんしょうせつ　ゆうめい　ぶぶん）

2
16

吾輩は猫である。名前はまだない。どこで生まれたか、とんと見当（けんとう）がつかぬ。なんでも薄暗（うすぐら）いじめじめした所（ところ）でニャーニャー泣（な）いていたことだけは記憶（きおく）している。

（後略（こうりゃく））

出典

『国語3』（光村図書出版・1987年刊）

著者紹介　夏目　漱石（なつめ　そうせき）

1867年～1916年。東京都生まれ。小説家、評論家、英文学者。『坊ちゃん』（新潮文庫）、『こゝろ』（岩波書店）など、著書多数。

吾輩
とんと〜ない
見当がつく
なんでも〜
薄暗い
じめじめした
ニャーニャー
記憶する

23 マンガにおける オノマトペの効果

夏目　房之介

日本のマンガの特徴を
手がきのオノマトペに見る評論文

1　日本マンガの手がきオノマトペ

　　手がきオノマトペとは、印刷字体ではなく手で書か
　れたオノマトペのことである。
　　前段には、日本のマンガは、この「絵としてのオノ
5　マトペがマンガの絵を動きのある生き生きとしたもの
　にしてい」る、と書かれている。（編者補足）

　　（前略）*1 日本の戦後マンガは、戦前の「のらく
ろ」などのマンガと比べると、手塚治虫以来、圧倒的
にオノマトペなどを手がきで入れる頻度が高く、そ
10れが特徴になっています。とても重要なマンガの要
素なのですが、案外日本の中で無意識に見ていると、
その重要さに*2気がつきません。たとえば、活劇の
爆発音や殴るときの音などはすぐ頭に浮かびますが、

手がき

戦後
戦前

問1　「日本の戦後マン
ガ」の特徴は何か。

以来
圧倒的な
頻度が高い
特徴
要素
案外
無意識

問2　何に気がつかない
のか。また、どうしてか。

活劇
爆発音
殴る
頭に浮かぶ

1 人物のちょっとした心理状況、「ハッ」と気づくとか「ギョッ」とするとか「ガッカリ」するといったオノマトペは、重要なわりに案外*3見過されています。

　また「シーン」としているとか、「うるうる」と泣き
5 そうになる、「むふ」と笑うなどの、マンガが多用してきたオノマトペになると、辞書にも載っていない。けれど、日本のマンガは*4この種のオノマトペやそれに準ずる言葉をたくさん作り出し、次々変えてゆくことで独特のニュアンスを獲得しているのは*5間
10 違いのないことです。これらを翻訳しようとすると、たぶんとても*6難しいのではないかと思います。

🔵2/18

　海賊出版による93年の台湾版手塚マンガの翻訳を見ると、《ハッ》や《シーン》を消してしまっていますし、《ゾーッ》はただ《啊～！》と叫んだことにな
15 っています［図3］。もし、簡単に訳せるものなら訳していたでしょう。その後、台湾・香港の大手出版社も正式の契約に基づいて翻訳本出版を始めましたが、その翻訳を見ると、日本語の手がき文字をそのまま載せてコマの外に訳を注記しています［図4］。
20 これは「ハッ」そのものを訳すのではなく、「驚いて一跳ねした。」と書いて「驚いた」を意味する訳のようです。

【図3】
「ハッ」が消えた例

台湾版　　日本版

「シーン」が消えた例

台湾版　　日本版

「ゾーッ」が中国語に訳された例

台湾版　　日本版

【図4】
オノマトペの解説が付く例

ハッ（HA）：嚇了一跳

まとめ

海外で、日本の手がきオノマトペはどう扱われているか。

出典　　『高校生の現代文』（角川書店・2002年刊行）

著者紹介　夏目　房之介（なつめ　ふさのすけ）

1950年、東京都生まれ。漫画批評家、漫画家、エッセイスト。『手塚治虫はどこにいる』（ちくまライブラリー）、『漱石の孫』（実業之日本社）など、著書多数。

24 泣くこと、笑うこと

長田 弘（おさだ ひろし）

笑いや泣きの今と昔の変化から
時代を読む文章

²⁄₁₉

1　かつて人は泣くときは、はらはらと泣き、さめざ
めと泣き、わーわー泣いた。いまでも、人は泣く。
そして泣くときは、目に涙を浮かべ、涙をこぼし、
涙をにじませ、涙をながし、涙は頬をつたう。けれ
5　ども、はらはらと泣き、さめざめと泣き、わーわー
泣いたりは、*¹けっしてしなくなった。

　はらはらと、さめざめと、わーわーといった言い
方をしなくなったのは、泣くことが、泣いてばかり
か、泣きわめくか、とにかく迷惑な、みにくいこと
10　のように感じられるようになってきているというこ
とのせいなのかもしれない。*²笑い方も、ちがって
きた。笑うのも、いまは*³ただ笑うというだけでは
すまなくなった。

　がははと笑い、むふふと笑い、かっかと笑い、う
15　はうは笑い、どひゃーと笑う。笑みを浮かべ、笑み

かつて
はらはら
さめざめ
わーわー
涙
浮かべる
こぼす
にじませる
ながす
頬をつたう

問1　何を「けっしてしなくなった」のか。

〜てばかり
泣きわめく
とにかく
迷惑な
みにくい

問2　「笑い方」はどうなってきたか。

問3　「ただ笑う」とはどういうことか。

ただ〜だけ
〜ではすまない
がはは
むふふ
かっか
うはうは
どひゃー
笑み

をふくみ、破顔一笑するといった笑いが、*⁴いまは
すくなくなって、笑い声がとにかく騒々しくなった。
泣くことも笑うことも、いまでは、うつくしさを感
じさせる所作とは、すでに*⁵おもわれていないのだ。
　泣くことから消えたのは、感情を浄化する身ぶり
であり、笑いから消えたのは、含羞をもった沈黙で
ある。ちゃんと泣き、ちゃんと笑う。ただ*⁶それだ
けのことが、いまはむずかしくなってきている。

<オノマトペ>
＊泣く
　はらはら　さめざめ　わーわー　しくしく
　おいおい
＊笑う
　がはは　むふふ　かっか　うはうは　どひゃー
　げらげら　わっはっは　おほほ　いひひ　うふ
　えへへ

ふくむ
破顔一笑

問4 「いまはすくなく
なっ」たのはどんな笑い
か。

騒々しい
所作
すでに

問5 何が、どう「おも
われていない」のか。

浄化する
身ぶり
含羞
沈黙
ちゃんと

問6 「それ」とは何か。

｜ま｜と｜め｜

1. 泣くことから消えた
　もの、笑うことから
　消えたものは何か。
2. ちゃんと泣き、ちゃ
　んと笑うとはどうい
　うことか。
3. 泣き方、笑い方がち
　がってきたのはどう
　してだと思われるか。

出典　　『小道の収集』（講談社・1995年刊）
著者紹介　長田　弘（おさだ　ひろし）
1939年〜2015年、福島県生まれ。詩人。『散歩する精神』（岩波書店）、『笑う詩人』（人文書院）など、
著書多数。

NOTE

「ドキドキ」「ぺこぺこ」「ザーザー」

「ペラペラ」「のろのろ」「ワンワン」……。

何を感じますか？　何が見えますか？

・ニャーニャー泣いていた。

・ハッと気づく。

・ガハハと笑う。

書いてみましょう

初・中級学習者向け日本語教材

日本文化を読む

解答例

1 春はあけぼの　解答例なし

2 生き物は円柱形　　　　　　　　　　　　　　　　（19〜22ページ）

問1　多様であること。
　　　　円柱形であること。

問2　（例えば指のように）ごつごつしていたり、でこぼこがあったりしているもの。

問3　生き物の体。

問4　生き物の基本が円柱形であること。

問5　強くて速くなれること。

問6　形によって強さがどう違うかをみる実験。
　　　　円柱形だと立つことができるし、どの方向から少々の力を加えてもその形を保つことができる。

問7　（新聞紙を）四角く折って角柱にすること。

問8　1まいのままだとくたっと曲がって立てられず、角柱にすると角の部分がへこみやすいが、円柱にすると形を保つことができるから。

問9　円柱の形。

問10　円柱形は強い形であること。

問 11　チョウの羽の中のすじのようなもの。

問 12　翅脈や葉脈。

問 13　土の中や海を進むのに、ていこうが少なく楽に速く進めるから。

問 14　生き物が、長い進化の時間をかけて、多様な生き方、大きさ、形をかくとくしてきたから。

問 15　この地球上に、同じではないいろいろなものがいるということ。

問 16　生き物の多様さを知ることはとても面白い、ということ。

まとめ　1．生き物は多様であるからこそ、この地球は豊かなのだが、その多様性ある生き物にも共通性があるということは、人間も含めお互い生きるものとして興味深いと言っている。

　　　　2．p.19　5行目　　　生き物は円柱形だ

　　　　　　　　9行目〜　　うでも、あしも、首も円柱形

　　　　　　　　　　　≒ うでは円柱形、あしは円柱形、首は円柱形

　　　　　　　p.20　2行目　　植物だって円柱形だ。　≒　植物は円柱形だ。

　　　　（他にも自分で探してみてください）

3 　おせい＆カモカの昭和愛惜　まとめ（省略）

4 　おならはえらい　解答例なし

練習問題 (25ページ)

まとめ 文法を習うときの「練習問題」の形をとって練習していきながら「ぼく」の心を表しているところ。

話し方はどうかな (28～31ページ)

問1 説明をしたり、意見や考えを述べたり、いろいろな場で発言したりするとき。

問2 「えっ、なんですか。」「なんと言ったんですか。」と言われる。

問3 自分のペースを乱され、ついにはしどろもどろ、大汗をかいて終わるという、うまく話せない体験。

問4 苦い体験。
話し方が速すぎる、遅すぎるから。

問5 話が速さによって聞き取りにくくも聞き取りやすくもなるということ。

問6 1分間に何字という表し方で速さを決めるという決め方。

問7 1分間に300字を読む速さ。

問8 本文の例の天気予報を1分間で読む速さ。

問9 重要な部分はゆっくり、そうでない所は速くなること。

問10 「話の表情」を入れる以前の基本的な話し方のための土台。

まとめ 基本的には、1分間に300字の速さを基準として、重要な部分はゆっくり、そうでない所は速く話す話し方。

7 若々しい女について　　　　　　　　　　　　　　　　　　(32〜33ページ)

問1 いま、風邪をひいた、と感じる体験。

問2 風邪をひいた、と思う瞬間があること。

問3 気の張る人には逢わないだろう、と口紅だけの素顔、体をしめつけないだらしのない物を着て、サンダルばきでいるとき。

問4 この老婆が私なのか、という気持ち。

問5 ドキンとした瞬間。

問6 年をとったなと思う瞬間に気付いたと書くこと。

問7 若々しくあるために必死に頑張っている。

問8 年よりもうす汚く老け込むことが、まだ独身だし、テレビの台本書きという、若さを必要とする仕事をしているので差しさわりがある。

問9 老け込まないように精神的に若々しくあるように頑張ること。

まとめ 無意識（ぼんやりしている時など）の表情が、老いのしわや、暗くけわしい表情、姿勢をつくるので、時々わが身をチェックせよという警報を出している。

8 落――いのちの源になる落ち葉 (36 ～ 37 ページ)

問1 利島の原生林をつくっているのがゆたかな土であり、さらにそれをつくっているのが落ち葉だということ。

問2 クサカンムリと音を表す「洛」から成り立っている。クサカンムリには「草木」、「洛」には「水が流れおちる」という意味がある。

問3 落葉の営み。

問4 落葉することで葉はゆたかな土をつくり、島の生物を育ててきたという意味。

問5 都会。
　　　落ち葉は「汚いもの」「うっとうしいもの」「樋にたまるもの」として都会人はきらうから。

問6 落ち葉を「汚いもの」と退ける頭の硬さ、その頭の硬さを異常と思わない異常さのある時代。

問7 いのちの源が何であるかを考えることを忘れた社会。

まとめ 「落ちる」は本来、土に帰って土を肥やし、いのちの源になるという意味があると筆者は考えている。

9 秋の夜の会話 (38 ページ)

まとめ 「～ね」や言葉の繰り返しに特徴があり、それがお互いの心の通い合う様子を生み出している。

94

10 地下鉄銀座線における大猿の呪い　　　　　　　　（42〜44ページ）

問1　膝には同じデパートの手さげ袋をのせ、瓜ふたつの顔で隣あわせに座っていたから。

問2　親子だけあってさすがに顔が似ている。女の子が年をとると隣のオバサンの顔になるのだと感心、納得した。

問3　隣あわせに座っていた二人づれ。

問4　本当ではないのに、一度、本当だと判断してしまうと、そのまま思いこんでしまうという思い違い。

問5　一度思いこむと、それがどんどん一人歩きしてしまうこと。

問6　自分は思いこみが激しく、それを困ったことだと思っていること。
「捨てきれずにいる」にかかる。

問7　親子であるという可能性。

問8　隣あわせに座っていた二人の女性。

問9　母親が森で苺をつむ間、赤ん坊を置いておいたところ。

問10　赤ん坊が大猿にさらわれてしまってから。

問11　隣あわせに座った若い女性。

問12　本当は親子なのに、今でもそのことを知らないで、偶然に隣あわせて座っていることは大猿の呪いのせいである。

まとめ 1. 似ている二人の女性を見て、それは、東京オリンピックの年に生き別れとなった母娘ではないかとまで想像している。

2. （略）

11 にょっ記　　解答例なし

12 サラダ記念日　　解答例なし

13 関白宣言　　(51～53ページ)

まとめ タイトル自体に時代（1979年作詞）に逆行しているものをわざと持ってきている。また、命令形を多く使って、タイトルの「関白宣言」に見られる男性上位の姿勢を見せ、その底にラストの妻への愛を見せている点が面白い。

14 天井の高さ　　(54～55ページ)

問1 耳を刺すような声や音。

問2 混みあっても、たがいの視線が気にならない距離。

問3 それだけで気分が開かれ、ひとが空間に占める場がちいさくなるし、ひとのエゴもちいさくなる。また、ふっとじぶんから離れられ、高い天井の下にいる時間が透明に感じられるから。

問4 じぶんというものさえいないように感じられること。

まとめ　1．喫茶店のような場所。
　　　　2．「何もないほうがいい」から始まり、短い文で、同じ表現を繰り返し使っていて、リズムがある。

15 壊れたと壊したは違う　　　　　　　　(58〜60ページ)

問1　父の語気が強まったから。

問2　あお向けに倒れたまま呆然としていた。どうして怒られたのか分からなかったから。
父は青筋をたてるほど怒っている。

問3　「壊れた」と「壊した」の違いをハッキリさせるように命令した。
これぐらいのことで頬を張り飛ばさなくてもいいのに、というくやしい気持ち。

問4　格別の教養はないが、保険会社の支店長にまでなった、明治生まれで怒りっぽいが、平凡な人。

問5　長女であったから特にしつけが厳しかった。

問6　子どもに媚びず、手かげんしない生き方をしたから。

問7　自分で考え行動する習慣がついたから。

まとめ　自分のすることやしたことには責任を持て、ということ。

16 ちょっと立ち止まって

(61〜63ページ)

問1 自分ではAと思っていたものが、BといわれればBともいえる。

問2 優勝カップのような形と二人の顔の影絵。

問3 少女を中心に見ると、橋や池など周辺のものはその背景になってしまうこと。また、橋に注目すると、その上を通る人などは背景になってしまうこと。

問4 一瞬のうちに中心に見るものを決めたり、それを変えたりすることができること。

問5 若い女性を中心に見ると、あごをうずめたおばあさんは見えない。また、おばあさんを中心に見ると、若い女性は見えない。

問6 一面のみをとらえて、その物のすべてを知ったように思いがち。

まとめ ものの見方を変えてみたらどうかと言っている。そうすれば、新しい発見の驚きや喜びを味わうことができる。

17 てつがくのライオン　　　　　　　　　　　　　　（64～66ページ）

問1　ライオンは獣の王で哲学的な様子をしているものだと教えられたから。

問2　尾を右にまるめて腹ばいに坐り、前肢を重ねてそろえ、首をのばし右斜め上をむいた。

問3　だれか来てくれて、「なにしてるの」って聞いてくれたらいいなあと思い、「てつがくしてるの」って答のことも考えている。

問4　ただ坐って、顔を向けた先の草原にある一本の木の梢を、日が暮れるまでみつめること。

問5　てつがくがほめられ、もう一度聞きたいほどうれしかった。

問6　同じ坐り方で、じっと夕焼けを眺めていた。

まとめ　1．最初は、形を真似しようとした。最後はてつがくそのものになっていた。

　　　　　2．言葉では説明できないものの本質を、わかったと思っているライオン。しかし、実はわかっていないというユーモア。

問1　旅行から帰ると、ゆっくり考えたり思ったりしたことを述べる手紙は書きにくくなるから。

問2　手紙を書いている場所は、夕方や夜は特にさびしくなるから。

問3　東京にいる人が恋しくなるとき。

問4　芥川の家に嫁として来てほしいということ。

問5　文ちゃんの兄。

問6　文ちゃんをもらいたいと、文ちゃんの兄さんに話していたこと。

問7　文ちゃんが好きだということ。

問8　結婚＝生活上の便宜、というように考えること。

問9　文ちゃんが好きだということ。

問10　結婚するかどうかの返事。

問11　結婚の理由はただ一つ、好きだということ。結婚するかしないかは文ちゃんしだいということ。

問12　気が済まない、申しわけない気持ちになること。

問13　結婚するかどうか。

問 14 文ちゃんにとって、自分で決めずに結婚してしまい、あとで後悔するようなことになるのが大変。

問 15 小説家。

問 16 丈夫でなく利口でないこと。

問 17 お金があまりなく、体が丈夫でないうえに一緒に住んでいる人が多くてもよければ、ということ。

まとめ 誠実な人柄。

19 結婚式 （74 〜 75 ページ）

問 1 結婚式とは、退屈なスピーチをきき、ぎくしゃくと料理を食べて酔っ払うという気恥かしいものなのに、それでもいいと思えるから。

問 2 結婚式。

問 3 出席した夫婦の夫、妻それぞれや、その二人のコドモなどの様子。

問 4 観察しているうち。

問 5 式が終わり引き出物をもらって帰るころで、式の疲労と幸福の余波とで頭が疲れている状況。

問 6 新郎新婦に、新婚旅行や新生活の大変さを、「同情」する。

問7 新郎新婦が新婚旅行や新生活が大変なのに比べて、筆者は普通の生活に戻れるから。

まとめ 信じられないぐらい幸せそうな二人を、外から眺めることができるので、結婚式に出るというのは本当にいいものだなあと思っている。

20 第14条〔法の下の平等〕 解答例なし

21 意地悪のエネルギー (77〜78ページ)

問1 ただ意地悪な気持に動かされて人を批評してしまうこと。

問2 意地悪な気持になること。

問3 子供がつい意地悪なことをやってしまうこと。
自分のなかに意地悪のエネルギーが湧き起こって、押さえられないから。

問4 意地悪をしてしまった後、自分が意地悪だったと気が付かないこと。

問5 意地悪のエネルギーはいったん使ってしまった以上、弱くなっているので、反省することができるから。

問6 意地悪したことをよく思い出した上で、こんなことは、なにも生み出さない！ とつくづく思うだけでいい。

問7 自分が意地悪をしたのは、相手にこちらの意地悪をさそうところがあったからだ、と考える態度。

まとめ 1. 人が誰でも持っている、他の人や動物にたいして自分のなかに湧き起こるよくない気持。

    2. 意地悪をしてしまった後、相手のヴァルネラビリティーのせいにしないで、よく反省すること。

22 吾輩は猫である　　　解答例なし

23 マンガにおけるオノマトペの効果   (83〜85ページ)

問1 オノマトペなどを手がきで入れる頻度が高いこと。

問2 手がきオノマトペがマンガの重要な要素であること。
無意識に見ているから。

問3 人物のちょっとした心理状況をオノマトペで表していること。

問4 「シーン」や「うるうる」「むふ」など、辞書にも載っていないようなもの。

問5 日本のマンガが、オノマトペやそれに準ずる言葉をたくさん作り出し、次々変えてゆくことで、独特のニュアンスを獲得していること。

問6 オノマトペやそれに準ずる言葉を翻訳することは、それらが辞書にも載っていないし、たくさん作り出され、次々に変わっていくから難しい。

まとめ 台湾を例にとると、初めはそれを消したり「啊〜！」と叫んだものにしたりしていたが、その後はそのまま載せて訳を注記している。

24 泣くこと、笑うこと

（86〜87ページ）

問1 　はらはらと、さめざめと、わーわー泣いたりすること。

問2 　ただ笑うということをしなくなった。
　　　騒々しくなった。

問3 　思わず心から笑いが出ること。

問4 　笑みを浮かべ、笑みをふくみ、破顔一笑するという（心から出る）笑い。

問5 　泣くことや笑うことが、うつくしさを感じさせる所作であるとはおもわれ
　　　ていない。

問6 　ちゃんと泣き、ちゃんと笑うこと。

まとめ 　1．泣くことから…感情を浄化する身ぶり。
　　　　　　笑うことから…含羞をもった沈黙。
　　　　 2．感情を浄化する身ぶりを伴った泣き方、含羞をもった沈黙を伴った笑
　　　　　　い方をすること。
　　　　 3．時代や社会が変わり、価値観が変化したからだと思われる。

メモ欄

✏️メモ欄

メモ欄

初・中級学習者向け日本語教材　日本文化を読む

発行日　2013 年 10 月 11 日（初版）
　　　　2018 年 3 月 28 日（第 3 刷）

編　者　　　（公財）京都日本語教育センター
　　　　　　西原純子、吉田道子、桑島卓男
編　集　　　株式会社アルク出版編集部
翻　訳　　　英語：株式会社ヒトメディア（Michael E. Narron）
　　　　　　中国語・韓国語：株式会社アミット
　　　　　　ベトナム語：株式会社ヒトメディア（Nguyen Thi Hai Yen）
デザイン・DTP　有限会社ギルド
イラスト　　　石川えりこ
ナレーション　眞水徳一、桑島三幸
録音・編集　　株式会社メディアスタイリスト
ＣＤプレス　　株式会社ソニー・ミュージックコミュニケーションズ
印刷・製本　　シナノ印刷株式会社
発行者　　　　平本照麿
発行所　　　　株式会社アルク
　　　　　　　〒102-0073　東京都千代田区九段北 4-2-6 市ヶ谷ビル
　　　　　　　TEL：03-3556-5501　FAX：03-3556-1370　Email：csss@alc.co.jp
　　　　　　　Website：https://www.alc.co.jp/

地球人ネットワークを創る

アルクのシンボル
「地球人マーク」です。

PC：7013065
ISBN：978-4-7574-2298-8